AF299260

FACULTÉ DE DROIT DE PARIS.

THÈSE
POUR LA LICENCE,

SOUTENUE

PAR **C. LEGENTIL.**

PARIS

LACOUR,
rue des Boucheries-Saint-Germain, 33.

1842

THÈSE

POUR LA LICENCE.

L'ACTE PUBLIC SUR LES MATIÈRES CI-APRÈS SERA SOUTENU LE LUNDI,
17 JANVIER 1842, A 2 HEURES,

Par Constant LEGENTIL,

Né à Arras (Pas-de-Calais).

Président, M. DURANTON,

Suffragans,
{ MM. PONCELET,
PELLAT,
OUDOT,
FERRY, }
Professeurs.

Suppléant.

Le Candidat répondra en outre aux questions qui lui seront faites sur les autres matières de l'enseignement.

LACOUR,
RUE DES BOUCHERIES-SAINT-GERMAIN, 38.

A MON PÈRE,

HOMMAGE D'AMOUR ET DE RECONNAISSANCE.

JUS ROMANUM.

DE JUREJURANDO, SIVE VOLUNTARIO, SIVE NECESSARIO, SIVE JUDICIALI.

(Dig. Lib. XII, 2.)

Maximum remedium expediendarum litium in usum venit, jurisjurandi religio, qua vel ex pactione ipsorum litigatorum, vel ex auctoritate judicis deciduntur controversiœ. (*Gaius*, lib. 5, ad ed prov.)

Sic a *Voetio* jusjurandum definitur. Jusjurandum in genere nihil aliud est quam religiosa veritatis affirmatio, seu invocatio divini nominis in testimonium veritatis (1).

Triplicem vero jurisjurandi speciem invenimus, scilicet *voluntarium*, quod parti ab altera parte defertur in judicio, vel extra mutuo consensu (2); *necessarium* quod refertur ei qui detulerat (3); et *judiciale* quod a judice defertur.

Hac in materiâ, hunc sequemur ordinem, et dicemus primo,

---

(1) Dividitur jusjurandum in promissorium et in assertorium. *Promissorium* est quod futura negotia concernit *assertorium*, quod prœsentia et prœcipuo prœterita respicit.

(2) Ita dictum quia voluntati, seu arbitrio ejus cui defertur, relinquitur an illud prœstare aut referre velit.

(3) Necessarium dicimus quia is cui refertur, prœstare cogitur, nam nisi juret causa cadit. Alia *Voetii* definitio. Necessarium jusjurandum vult appellari illud quod in judicio defertur vel refertur; voluntarium vero quod extra judicium ex conventione suscipitur.

de duabus prioribus jurisjurandi speciebus; secundo, de jurejurando judiciali; tertio de perjurii pœnâ.

DE JUREJURANDO SIVE VOLUNTARIO SIVE NECESSARIO.

I. Tam actor reo jusjurandum deferre potest, quam reus actori, is autem demum qui liberam rerum suarum administrationem habet, jusjurandum deferre valet.

Hinc pupillus tutore auctoré jusjurandum deferre debet, nam
que si sine auctoritate tutoris jusjurandum detulerit, exceptio ju-
rantis evanescet, replicabitur enim quia rerum administranda-
rum jus pupillo minime competit. Simili ratione prodigus si de-
ferat jusjurandum inscio curatore, non est audiendus, idem que
in cœteris similibus dicendum.

Tutoribus autem qui tutelam gerunt, furiosorum prodigo-
rum que curatoribus, quum illis quorum partes sustinent expe-
diat, jusjurandum deferre licet, nam que rerum administrationem a lege acceperunt. Procuratoribus quoque illa conceditur
licentia, scilicet si aut universorum bonorum administrationem
susciperunt, aut si id ipsum nominatim mandatum sit, aut si in
rem suam procuratores sunt.

Procuratori similem esse municipum defensorem, nos mo-
net Ulpianus. (Lib. 26, ad ed.)

II. Quibus cum que personis jusjurandum (*propter rem*) deferri potest, exceptis tamen ut ex Gellio (noctibus atticis) disci-
mus, vestalibus flamine que dialis; exceptis quoque illis quibus
rerum suarum tollitur administratio, illis demum probabilem
allegantibus ignorantiam rei ejus de quâ jusjurandum defer-
retu.

(1) Opponitur jurijurando *calumniæ* *jusjurandum propter rem*, id est illud quod de re
ipsa interponitur an debeatur nec ne.

III. Omnibus in causis jusjurandum audiendum est sive ad pecunias, sive ad opera, res locum habeat quin etiam, sin ambiguum sit an quis juraverit, novum potest ei deferri jusjurandum.

Jusjurandum delatum antequam proestitum sit quamdiu lis aut appellatio pendet revocari potest, postea vero illius nova delatio non audietur.

IV. Omnibus in causis, is qui jusjurandum provocat, nisi prius ipse *de calumniâ* juraverit non audiendus est (1), quâ vero impletâ conditione is cui delatum est jusjurandum, aut jurare, aut deferenti referre cogitur; alioquin causa cadit. Nam manifestoe turpidinis est nolle nec jurare nec jusjurandum referre ut ait Paulus. (Jusjurandum vero quod extra judicium ex conventione defertur referri non potest. Paulus, lib. 18 ad ed) sin vero ille cui jusjurandum refertur jurare recuset, ei negabitur actio, non enim juramenti religionem deferenti debet displicere conditio juris.

V. Ut delatum jusjurandum proecice proestandum ergo, si detuli ut per *jovem lapidem* (2) jurares (Festus) tu que per genium principis juraveris non ratum jusjurandum habendum esse constat.

Omne coeterum licitum jusjurandum, per quod voluit quis sibi jurari idoneum est (excepto tamen illicito juramento per improbatam publice superstitionem quod nullum producere valet effectum) quin imo et illud quod propriâ superstitione jusjurandum proestitisti standum rescripsit Antoninus, et multâ

___

(1) Parenti tamen ac patrono remittitur, nam non iis sine injuriâ, eorum que loeso honore deferri posset.

(2) Hoec veterum romanorum, sacramenti antiquâ erat formulâ. Is qui juraturus accedebat, quem manu tenebat scilicem projiciens hoec solemnia verba dicebat. *Si sciens fallo ita me diespiter, salvâ urbe arce que, bonis ejiciat, uti ego hanc lapidem.*

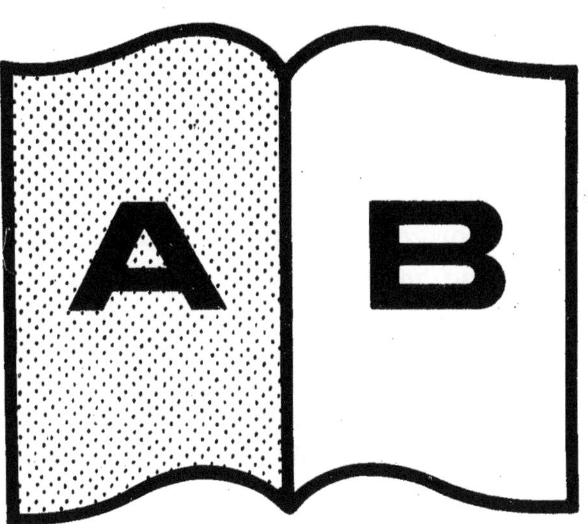

Contraste insuffisant
NF Z 43 120 14

cum ratione meâ quidem sententiâ, ii nam que tale jusjurandum prestantes, rem superstitione religiosam tanti faciunt
quanti si vere religiosa esset.

Si per quod prœstandum jusjurandum non determinatur, vel
si ex diversitate rerum vel personarum, quibusdam emergen-
tibus, quœ varietatem inducent, non potest referri tale quale
delatum est, hujus conceptio judicis arbitrio est.

VI. Ubi judicium acceptum, vel accipiendum est, exceptis
quibus dam casibus a Paulo relatis (lib. 6, ad ed) statim que ut
defertur vel refertur, jusjurandum interponi debet.

Aliquando tamen ex causâ inducias juraturo intra quas acce-
dat concedi sciendum est.

VII. Ne doli mali, origo et fons jusjurandum extet, illud solum modo quod *conditione delatâ* præstitum fuerit sicut in
edicto apparet, insuper que si quod invocat possibile, prœtor
tuebitur.

Qui jurasse dicitur nil refert cujus sexus œtatis ve sit omni
enim modo custodiri debet jusjurandum adversus eum, qui con-
tentus eo quum deferret fuerit.

VIII. Omnibus in causis sicut suprà dictum est, in judicio,
vel extrà judicium præstitum Tuetur pœtor jusjurandum.

IX. Proque prœstito habetur, quod jurare parato ad
versario, a deferente remissum est. Item que dicendum de jurejurando quod impediente deferente prœstari non potuit.

X. Varios jusjurandum prout a reo, aut ab actore præstitum
est producit effectus reo enim exceptionem actori vero actionem
parit. Primo loco de exceptione videamus, dehinc de actione
tractabitur.

1° De reo qui jusjurandum prœstitit, prœtor ait. *Ejus rei de
qua jusjurandum delatum fuerit, neque in ipsum, neque in
eum ad quem ea res pertinet actionem dabo* ab illo qui juravit

exceptionem invocari posse dicimus si causa de qua jusjurandum initum est rursus ante judicium deducatur, quin imo hæc cadem exceptio integra manebit quum alia actio erit in qua similis questio agetur, sin autem alia, ista in nova actione versetur questio, juris jurandi exceptio non proderit. Quæ ex jurejurando oritur perpetua est exceptio. Hinc nos docet Gaius hanc exceptionem loco solutionis cedere. Non est quidem solutio nam ipso jure non liberat eum qui juravit si debet : sed est solutionis loco : quia adversus actionem, tribuit exceptionem perpetuam jurisjurandi. porro qui habet exceptionem perpetuam effectu non differt ab eo qui liberatus est (*Pothier*) illam vero exceptionem, in stricto jure sæpius ad actionem pariendam invalidam notandum est (1).

2° Jurejurando dato vel remisso reum exceptionem, nunc actorem actionem acquirere videamus.

Actori sive delato jurejurando, juraverit, sive juraturo remissum fuerit rescripserunt Diocletianus Maximianusque actionem *in factum* competere ad similitudinem judicati hujus autem actionis in factum concipitur intentio, quia omni juris questione remota hoc solum modo quærendum an jusjurandum delatum, præstitum vel remissum fuerit. Hæc vero actio perpetua est quamvis obligatio ad quam tendit temporalis esset. Ut enim litis contestatio ita et jusjurandum perpetuat obligationem.

XI. Non solum ipsi qui juravit sed et omnibus aliis ad quos ea res pertinet prodesse jusjurandum in edicto apparet. Etiam si in rem successerint.

Hinc admittendum est, ab uno præstitum jusjurandum debitore, ejusdem obligationis debitoribus prodesse ; ab uno ex pluribus rei promittendis et aliis quoque. Item si reus juraverit

---

(1) Interdum tamen parit vide D. L. ii, § 1.

tutus fit fidejussor hoc tamen de illo tantum habendum esse jurejurando quod super ipso contractu præstitum est, non de eo quod solum spectaret jurantem haud immerito dicam, illud enim ipsius tantum modo personæ prodesse manifestum est.

Quibus præstitum prodesset jusjurandum, et iisdem nocebit, si adversus ipsis juratum est.

Aliis vero nec prodesse, nec nocere jusjurandum docet Ulpianus; quia non debet aliis nocere quod inter alios actum est ut ait Paulus.

XII. Jure quidem ac merito jusjurandum rei judicatæ vicem obtinet. Nam que is qui jusjurandum defert, eo adversarium quæstionis judicem constituit. Idcirco infirmari plerumque non potest jurisjurandi auctoritas. Imo addit Paulus quia jusjurandum speciem transactionis continet, majorem habet quam res judicata auctoritatem; neque per provocationem infirmari potest. Ne perjurii quidem prætextu nisi specialiter hoc conventione contineatur, aut a lege excipiatur. Possumus exempli gratia indicare minorem vigenti quinque annis si captus fuerit, aut creditores quibus contra illud jusjurandum quoque, quod emissum a debitore in fraudem eorum datur replicatio.

DE JUREJURANDO JUDICIALI.

XIII. Illud est jusjurandum judiciale quod ipse judex, cognita causa, causis que solum modo in dubiis, ob inopiam probationum alteri ex litigatoribus ad decisionem causæ defert (1).

Jurisjurandi judicialis a conventionalis juramenti auctoritate, longe distat auctoritas. Nam que illa sententia quæ propter judiciale jusjurandum lata fuerit. Retractare potest; novis instrumentis ad litem tendentibus postea repertis (Gaius).

(1) *Suppletorium* dicitur quum actori, *purgatorium* vero quum fugienti a judice defertur.

Aliquando etiam datur actio non judicandæ, sed æstimandæ causa rei jurejurando decisæ cujus æstimatio non liquet hæc etiam est potissima jurisjurandi judicialis species quod dicitur *in litem.*

DE PÆRIA PARJURII.

XIV. Romanos non solum modo directo per deum interposuisse sacramentum, sed et per genium, per salutem, per venerationem principis, per caput suum, per suam aut filiorum suorum aut aliorum dilectorum salutem in aperto est.

Ei qui per deum sciens juratum est nulla est pæna legibus humanis statuta. Nam jurisjurandi contempta relligio satis deum qui uti omniscium, ita et omnipotentem, ultorem habet.

Is qui per salutem aut genium principis juravit non quidem capite mulctatur aut læsæ majestatis reus putatur. Ullam que animadverto dubitandi rationem cum imperator Alexander constituit in L. 2 C. Sibi non placere periculum capitis aut majestatis crimen inferri illis qui per principis venerationem quodam calore pejerassent; quam quod illi qui sic per principis venerationem juraverant, omnia dira et adversa saluti ac venerationi principis censebantur imprecati esse, atque ita læsæ majestatis crimen videri poterant commisisse si fefellissint scientes. A quo tamen crimine fuerunt istius rescripti beneficio pronunciati, quoties non dolo malo et hostili in principem animo sed calore quodam pejeratum esset (Voët).

Impune tamen per genium principis scienter haud pejeratum est. Nam rescribitur reum fustibus castigatum dimittendum esse his que insuper cum dictis, *Petulanter ne jurato.*

Ita jure pandectarum; Honorius autem et Arcadius pæna plectuno infamiæ perjuros qui sacro sancti per deum juris jurandi contempta religione, fidem implere recusant.

DE IN SITEM JURANDO.

(D. l, 12. t. 3).

XV. Lis in proposito est res in ju dicium deducta ; ergo, in lí-
tem jurare, est rem in judicio deductam jure jurando æstimare :
inde dici potest jusjurandum in litem jurata rei de qua. Agitur
æstimatio.

In actionibus in rem, et in ad exhibendum, et in bonæ fidei
interdum que in stricti juris judiciis in litem juratur. (Marcianus)
nisi his in judiciis de ea re agatur cujus certa sit æstimatio. Patet
enim non esse locum huic juri jurando, Nisi aliunde actoris inter sit.

In his omnibus causis ob dolum solum in litem juratur, non
etiam ob culpam hunc enim judex estimat. (Marcianus) (1).

An hoc verbum *solum* etiam latam culpam excludat lis inter
doctores est.

XVI. In litem jusjurandum a judice deferendum est. Sin autem
alius detulerit, non audietur. Alium quoque in litem non de-
bere jurare quam dominum litis vulgo præsumitur. Consonat
et Papinianus, exceptionem tamen indicat Ulpianus. (L. 36.
ad, Ed).

XVII. Juraré autem in infinitum licet.

An vero judex modum juramento statuere possit, ut intra certam quantitatem , ne arrepta occasione in immensum juretur,
nec ne, quæsitum est. His ita dictis affirmat Marcianus. « Sed
judex potest præfinire certam summam usque ad quam juretur,
licuit enim a principio nec deferre.»

(1) Illud quod reo judex defert jusjurandum *veritatis* est quod autem actor reo, *affectionis*
appellatur.

XVIII. In litem jusjurandum non certam adversæ partis afferre condemnationem nos ita docet Marcianus. « Item etsi fuerit juratum licet judici vel absolvere vel minoris condemnare. »

Illud denique non prætermittendum. De perjurio ejus qui ex necessitate juris in litem juravit quæri facile non solere (Paulus).

DROIT FRANÇAIS.

DE LA PREUVE.

La question des preuves, cette véritable base des connaissances humaines, est surtout de la plus haute importance, lorsqu'elle s'applique à la distribution de la justice, condition vitale de toute société. En effet, Si le besoin d'arriver à la certitude, à la conviction intime de la vérité se fait quelques fois sentir d'une manière impérieuse. Ce doit être assurément dans ces momens solennels où l'homme est appelé à décider des biens, de la vie, de l'honneur de son semblable, car alors, la moindre erreur toujours funeste, pourrait souvent entraîner des maux irréparables.

Cette considération devait tout naturellement frapper l'esprit de nos législateurs et l'époque, à laquelle eurent lieu les discussions du Code contribuait puissamment à leur en faire sentir la gravité. Une révolution venait de s'opérer en France ; au nombre des causes qui l'avaient déterminée il fallait mettre, sans aucun doute, l'abus énorme résultant de l'arbitraire des juges, universellement et profondément senti par les esprits imbus comme ils l'étaient alors des maximes de Bacon, Beccaria, et de tous ces grands génies du siècle qui, s'occupant des intérêts de l'homme, montraient la plaie du doigt et en indiquaient le remède.

Aussi pleins de ces souvenirs, et se défiant avec raison de la sagesse humaine, si faible, si souvent égarée par les passions, nos législateurs voulurent-ils laisser le moins possible à l'arbitraire, en créant une loi qui fut la même pour tous, de sorte que suivant les expressions de Montesquieu, *les juges n'eussent plus qu'à être la bouche qui en prononcerait les paroles.*

Et pour atteindre à ce but ils n'admirent plus indistinctement toutes ces preuves artificielles, toutes ces doctrines spéculatives effets de l'art et de l'esprit, à l'aide desquelles les philosophes et les orateurs éblouissent pour persuader. Mais ils déterminèrent les sources d'où le juge irait tirer une vérité sans fard, et puiser ses élémens de conviction.

Les seules preuves admises par la loi sont au nombre de cinq. La preuve littérale, la preuve testimoniale renfermée dans de justes limites, les présomptions, l'aveu de la partie et le serment.

Toutes ces preuves sont loin d'avoir la même force. Il y en a dont la loi qui ne peut ni ne doit tout prévoir, n'a pas déterminé l'effet, mais laissé à la sagace appréciation du juge.

Il en est d'autres au contraire, que le magistrat est obligé de tenir pour sûres indépendamment de sa conviction personnelle, et auxquelles il doit toujours conformer son jugement. Celles-là sont des *vérités légales.*

Quoi qu'elle paraisse soulever de graves difficultés au premier abord, cette doctrine est cependant bien saine. Organe de la loi, *Lex loquens*, comme le dit Cicéron. Le juge, en remplissant son *devoir* d'homme *public*, ne doit connaître des faits que *quatenus de veritate facti ex actis constat*, il ne peut donc compromettre sa *conscience* d'homme *privé*, dont le témoignage ne saurait entrer dans la balance de la justice, puisqu'il ne peut être contredit. Vinnius n'admet pas cette opinion, mais elle est celle de tous les commentateurs célèbres. Elle a également été enseignée par saint

Ambroise, saint Thomas, le cardinal Cajetan, et tous les cano-
nistes. (Pyrrhing.)

Prouver, en droit, c'est établir la vérité d'une manière légale.
Donc une preuve sera une démonstration matérielle ou intellectuelle d'un fait contesté.

Mais la preuve en elle-même n'est que la conséquence tirée
d'un fait pour arriver à la constatation d'un autre fait. En d'autres termes, la preuve est la relation qui existe entre un fait connu
et un fait inconnu.

Cette définition, il est vrai, peut s'appliquer aux présomptions,
comme aux preuves. Cela n'est pas étonnant, car la présomption
et la preuve consistent dans la même opération intellectuelle; et,
en dernière analyse, les preuves ne sont que des présomptions,
car elles ont toutes la présomption pour base. Comment pour-
rons-nous donc distinguer les preuves des présomptions?

En examinant attentivement les divers moyens de preuve éta-
blis par la loi, on peut se convaincre qu'on peut les ramener toutes à deux catégories principales. En effet, la loi tire ses preuves
de la confiance qu'elle accorde à la déclaration de l'homme,
ou elle les tire *de certains faits qui rendent vraisemblables le fait
allégué.* Ceci posé, nous pouvons désormais distinguer nette-
ment la présomption de la preuve. Toutes les fois que les conséquences que la loi tire seront le résultat de la déclaration de
l'homme, elles prendront le nom de preuves proprement dites.
Quand, au contraire, elles résulteront de certains faits, elles prendront le nom de présomptions (1).

____

(1) Dans toute question il peut se rencontrer deux sortes de preuves à faire : la preuve du fait,
et la preuve du droit. Cette dernière se tire de la lettre même de la loi lorsque son texte est clair
et positif, de son interprétation, lorsqu'il est ambigu, et de l'analogie lorsqu'il est muet sur certains cas qui ont de la similitude avec d'autres qui sont prévus *(ubi eadem ratio ibi idem jus).*
Nous n'avons pas à nous en occuper ici.

A QUI INCOMBE LA PREUVE.

Probatio incumbit et qui dicit, non ei qui negat, disait le droit romain. Nous hâterons-nous d'en conclure que le demandeur seul soit assujéti à fournir des preuves, et que le défendeur, au contraire, n'ait à en faire aucune ? Non, certainement, ce serait émettre une proposition tout à fait fausse, et qui se trouverait bientôt en contradiction avec la raison et les textes. Car le droit romain disait aussi *reus excipiendo fit actor.* Voilà donc le défendeur qui doit prouver à son tour. Mais alors à qui incombe la preuve ?

Prenons pour point de départ une idée bien simple ; elle nous donnera je crois la solution de cette question qui n'a pas toujours été très bien résolue.

Logiquement et grammaticalement parlant, une négation vaut une affirmation. Donc toutes les fois qu'un demandeur se contentera d'exposer sa prétention sous forme d'affirmation pure et simple, cette affirmation se trouvera rigoureusement détruite par la négation pure et simple de son adversaire : il faut donc que le demandeur commence par prouver sa prétention pour que la contestation judiciaire soit possible. Puis le défendeur, s'il oppose une exception, viendra produire des preuves propres à faire tomber sa demande. Cette conséquence est forcée et découle de la nature même des choses.

Et nous pourrions ajouter à cela, lorsqu'une proposition alléguée est dénuée de preuves, elle n'a d'autre valeur que l'autorité personnelle de celui qui la met en avant. Mais cette autorité ne peut avoir aucune force vis à vis du juge ; devant lui, les deux parties doivent avoir égalité de position, et par conséquent égalité de créance. Soutenir le contraire serait arracher à la justice son bandeau, lui faire abdiquer son caractère d'impartialité qui est son plus bel apanage, ce qui n'est plus possible depuis la consécration de ce principe, base de notre constitution politique : *tous les Français sont égaux devant la loi !*

Lisons maintenant l'art. 1315. Nous le trouverons entièrement conforme à ce que nous venons de dire.

1315. Celui qui réclame l'exécution d'une obligation doit la prouver.

Réciproquement, celui qui se prétend libéré, doit justifier le paiement ou le fait qui a produit l'exécution de l'obligation.

Le prescrit de cet article s'applique au civil comme au criminel, en matière personnelle comme en matière réelle. S'agit-il d'une obligation, c'est la liberté qu'on présume, d'un délit, c'est l'innocence d'une possession, c'est la propriété. Vienne maintenant quelqu'un prétendre que cet ordre a souffert une altération par rapport à lui, il doit évidemment apporter la preuve de son assertion. Cette preuve faite, ce qui était l'exception est devenue la règle ; le droit commun, pour celui au détriment duquel l'état normal a été changé, il devra donc à son tour prouver l'extinction du droit dont l'existence a été constatée, s'il soutient que le droit est éteint.

Nous pouvons résumer ce système en cette formule : *celui qui prétend qu'il y a une innovation a un état de choses existant doit la prouver.* Elle est exacte, complète, mais sera-t-elle applicable à tous les cas ? c'est ce que nous allons voir en passant à un autre point tout aussi élémentaire sur lequel cependant les auteurs sont loin d'être d'accord, et qui a donné lieu à tant de systèmes opposés.

Beaucoup de commentateurs, pour justifier la règle que la preuve incombe au demandeur, s'appuyaient sur le vieux brocard que la preuve d'un fait négatif est impossible. *Factum negantis nulla probatio est.* Cette proposition fameuse, toute fausse qu'elle était, fut longtemps en honneur dans l'école. Voici ce qui y avait donné lieu :

Nous trouvons au code (de probationibus 3, 19.) *Actor quod adseverat probare se non posse profitendo , reum monstrandi contrarium non astringit. Cum per rerum naturam factum negantis probatio nulla sit.* C'est-à-dire, que par la nature des choses, lorsque le demandeur ne prouve pas sa prétention, le défendeur qui nie n'a aucune preuve à faire, et il n'y a là rien que de très conforme à la raison.

Mais au lieu de donner à cette phrase cette signification si juste et si naturelle, d'anciens glossateurs, séparant à tort la conclusion des prémisses, l'entendirent tout autrement et la traduisirent ainsi : *Par la nature des choses la preuve d'un fait négatif est impossible.* Puis comme cette proposition formulée en termes si généraux était évidemment absurde , on y apporta un tempérament en reconnaissant que la preuve d'un fait négatif pouvait se faire d'une manière indirecte : et comme ce tempérament lui-même était encore inexact , on imagina une théorie que distinguait trois espèces de négations: celles de *droit,* celles *de qualité,* et celles *de fait.* Et on enseigna que les deux premières renfermant une affirmation bien caractérisée (*negativæ prægnautes*), pouvaient être directement prouvées. Quant à la négative de fait elle fut subdivisée en négative de fait *définie,* et alors elle était passible d'une preuve indirecte, et en négative de fait *indéfinie* impossible à prouver; à moins qu'elle ne contînt quelqu'affirmation implicite. La formule n'avait donc plus qu'une très minime application ; après avoir crié si haut, son résultat n'aboutissait même pas au *ridiculus mus* de la fable , car nous allons voir que ce résultat ne lui était pas appartenant en propre.

Aussi , cette théorie, si obscure, si embrouillée, ne tarda-t-elle pas à être renversée par de plus sages interprètes. Barthole, le premier, posa en principe : que celui qui, soit comme demandeur, soit comme défendeur, fonde sa prétention sur un fait négatif, doit la prouver sans distinction aucune. *Ubicumque negatio est causa intentionis alicujus, sive agentis, sive excipientis, ei qui negat onus probandi* (Barthole). *Sive negativa juris, sive facti, sive qualitatis* (Mascardus). Puis vint Coccius, qui démontra que toute négative peut être prouvée, même lorsqu'elle est indéfinie, et qu'elle peut l'être directement et indirectement ; que si dans quelques cas la preuve d'une négative est impossible (comme par exemple en matière d'obligation, si l'on ne pouvait dire pourquoi, en quel temps, en quel lieu elle a été contractée), dans ces cas aussi, la preuve d'une affirmation ne pourrait se faire davantage. Donc, quand la négative indéfinie ne peut être prouvée, ce n'est pas parce qu'elle est négative, mais bien parce qu'elle est indéfinie. *Si indefinita negativa probari non possit, non id inde est quia negativa, sed quia indefinita ; nec affirmativa indefinita possit.*

Nous pouvons maintenant nous en convaincre : notre formule s'applique à tous les cas, et toujours celui qui allègue une innovation à un ordre de choses existant, doit prouver son allégation, soit qu'il l'énonce d'une manière affirmative ou sous forme de négation.

La conséquence de ce principe, que la preuve est constamment à la charge du demandeur, soit par voie principale, soit par voie d'exception, est, comme le disait la loi romaine, plus explicite ici que le Code civil, que le défenseur doit obtenir gain de cause lorsque l'adversaire échoue dans la justification de sa demande : *Actore non probante, reus absolvitur.*

---

(1) C'est toujours en justice et contradictoirement avec le défendeur que doivent aujourd'hui se faire les preuves. L'ancien usage établi par le droit canon, de faire entendre des témoins à

Ces principes ne sont rien autre chose que le bon sens et la raison appliqués à la procédure, et l'on ne conçoit vraiment pas qu'un esprit aussi sérieux que Bentham ait pu s'imaginer que l'obligation de la preuve doive, dans chaque cas particulier, incomber à celle des parties qui peut la remplir avec le moins d'inconvéniens; et, ce qui est encore plus fort, soutenir que, toutes choses égales, il fallait donner gain de cause au demandeur. Quelquefois il peut arriver que les preuves soient tellement balancées qu'il soit très-difficile de voir clairement lesquelles doivent l'emporter, ou que la demande et l'exception, sans être totalement prouvée, ne soit pas non plus totalement dénuée de preuves; qu'il n'y ait enfin que des semi-preuves. Car, malgré l'imposante opinion des Cujas, qui rejetaient cette division en disant : *Ut veritas ita probatio scindi non potest quæ non est plena veritas est plena falsitas, non semi veritas. Sic quæ non est plena probatio, plane nulla probatio esse.* Le Code l'a formellement consacrée art. 1367, et avec raison, je crois, car Condorcet a démontré jusqu'à l'évidence, dans son essai sur le calcul des probabilités, que s'il ne peut y avoir une demi-vérité, il peut du moins y avoir une demi-persuasion. Que faire dans ces cas? Notre Code ne saurait plus admettre ni les *causæ piæ*, ni les *casus pro amico*, et le juge qui, nouvel Aulu-Gelle, renverrait les parties sans décision, sous le plaisant prétexte que la cause n'est pas claire, s'exposerait très-fort à la peine du déni de justice. Pour sortir d'embarras, le magistrat devra déférer le serment ou recourir à l'interrogatoire sur

l'avance, bien qu'aucune action n'eut été intentée lorsqu'il y avait lieu de craindre l'impossibilité et de faire la preuve par la suite est heureusement aboli. Il existe cependant encore certains cas spéciaux dans lesquels ce genre de preuve pourrait être admissible. Ainsi la perte des objets qu'un voiturier se serait chargé de transporter, l'autoriserait à employer ce moyen pour faire constater le cas fortuit ou la force majeure (Jousse).

faits et articles, ou bien encore à la preuve testimoniale, s'il y a commencement de preuves par écrit, en ne perdant jamais de vue cette maxime sacrée, surtout en jurisprudence, que, dans le doute, il faut se prononcer en faveur de la libération.

DES PRÉSOMPTIONS.

Les présomptions, comme nous l'avons déjà dit plus haut, sont des conséquences que le juge ou la loi tire d'un fait connu pour arriver à la connaissance d'un autre fait. Quoique basées sur l'expérience que la loi en les créant, a toujours pris pour guide, ces conséquences ne sont pas infaillibles; mais elles sont déduites de ce qui dans tel cas donné arrive le plus ordinairement. *Præsumptio dicitur de eo quod plerumque fit.*

Les présomptions ne sont pas des preuves proprement dites, mais elles peuvent les remplacer lorsqu'elles sont laissées à la prudence des magistrats, et elles en tiennent véritablement lieu dans les cas prévus par la loi.

De ce que nous venons de dire, il suit qu'il doit y avoir des distinctions à faire entre les présomptions. La loi, en effet, les divise en deux classes: les unes, abandonnées aux lumières du juge, sont appelées *présomptions humaines, ou judiciaires.* Les autres, prévues par la loi elle-même, sont des *présomptions légales.* A ces dernières s'applique plus particulièrement la définition étymologique, donnée par Alciat, qui fait dériver le mot *præsumptio* du verbe *sumere,* composé avec la préposition *præ,* c'est-à-dire que la loi *sumit aut habet aliquid pro vero; et id præ, id est antequam aliunde probetur.* Car les présomptions légales seulement sont déterminées à l'avance, en un mot, *préconstituées;* tandis que les présomptions judiciaires, susceptibles de varier à l'infini, comme les circonstances des affaires qui leur donnent lieu, repoussaient toute *préconstitution.*

Dispenser de toutes preuves celui qui les allègue, voilà le point commun qu'ont entre elles toutes les présomptions légales. Ce dernier sera pourtant tenu (du moins généralement), à prouver qu'il se trouve dans l'un des cas prévus par la loi, et qu'ainsi la présomption lui est applicable (1).

Mais les présomptions légales, quant à leur effet, se divisent en deux catégories : les unes admettent la preuve contraire, tandis que les autres la rejettent. Elles sont des *vérités légales* que l'on ne peut contester.

Cela pourrait paraître assez singulier, surtout lorsqu'on a avoué que les présomptions, même les mieux assises, ne peuvent jamais avoir un caractère d'infaillibilité. Aussi d'Aguesseau ne pouvait-il *concevoir des présomptions qui l'emportassent sur la vérité* et posait-il en principe que *les présomptions devaient toujours en admettre la preuve, et céder à ses lumières.* Cependant toute belle que soit cette maxime, considérée abstractivement, et en pure théorie, il faut convenir qu'elle aurait souvent, en pratique, les plus grands inconvéniens. Et que le Code, forcé de choisir entre deux maux, a évité le pire, en consacrant l'opinion plus pratique et plus sûre de l'ancienne école, admise par Pothier : *Qu'il doit y avoir des vérités légales incontestables* (2).

---

(1) Nous trouvons une exception à cette règle dans l'article 472, Code civil.

(2) Il serait tout à fait erroné, cédant à l'impression du langage vulgaire, de se figurer la présomption comme toujours inférieure à la preuve et toujours plus incertaine. Il est des cas où elle la prédomine, et donne la conviction la plus entière. Cela arrive lorsque des faits *certains et connus* on peut tirer des *conséquences nécessaires* de vérité de ceux qu'il s'agit de prouver.

Ainsi il sera démontré jusqu'à l'évidence, qu'un témoin n'a pu distinguer les traits d'un accusé, ses armes, etc., si dans une nuit obscure il en était éloigné de deux ou trois cents pas.

On trouve encore un exemple de la présomption dans ce trait de Galba rapporté par Suétone : « At in jure dicendo, cum de proprietate jumenti quæreretur, levibus utrinque argu-

Du reste, ce principe que pose d'une manière si énergique le chancelier d'Aguesseau, est aussi reconnu par la loi. « La preuve » contraire à la présomption légale peut être admise, quoique la » loi ne la réserve pas, parce qu'il est dans la nature des pré- » somptions qu'elles cèdent à la preuve contraire.» Telles sont les propres paroles de M. Jaubert dans son rapport au tribunat. Et si le Code n'a pas énoncé ce principe d'une manière expresse, c'est qu'il est tellement évident qu'il n'a pas besoin de l'être. Nous allons toutefois le retrouver implicitement dans l'article 1352, qui en en donnant des exceptions le suppose règle générale.

Voyons donc cet article sur lequel nous entrerons en quelques détails.

Art. 1352. Nulle preuve n'est admise contre la présomption de la loi, lorsque sur le fondement de cette présomption elle annule certains actes ou dénie l'action en justice, à moins qu'elle n'ait réservé la preuve contraire, et sauf ce qui sera dit sur le serment et l'aveu judiciaire.

Donc toutes les fois que sur le fondement d'une présomption légale la loi n'annulera pas un acte ou ne donnera pas l'action en justice, cette présomption pourra être combattue par la preuve contraire.

Arrivons maintenant à la seconde partie de l'article dont les dispositions sont loin d'être aussi tranchées, et sur lesquelles les commentateurs ont été bien divisés d'opinion.

La loi n'admet aucune preuve contre les présomptions, sur le fondement desquelles, elle annule un acte ou dénie l'action en justice à *moins qu'elle n'ait réservée la preuve contraire.*

» mentis et testibus ideo que difficili conjectura veritatis ita decrevit, ut ad lacum ubi aduaquari
» solebat, duceretur. Capite involuto, atque ibidem revoluto, ejus esset, ad quem sponte se
» a potu recepisset. »

Quelles sont ces exceptions ?

Lorsque la loi, sur le fondement d'une présomption *dénie l'action en justice*, on pourraient en trouver quelques-unes aussi dans les articles 312, 313. etc.

Mais quand elle *annule un acte*, nous admettons avec M. Duranton, contre l'opinion de M. Toullier, que nous ne voyons aucune exception à la règle. Que tout ce qui est au pouvoir de l'adversaire est de *nier l'existence* de la présomption (472) ; ce que l'on ne peut appeler sans une inexplicable confusion d'idées *prouver contre* la présomption, puisque pour la détruire, il faut auparavant en admettre l'existence.

Voici maintenant venir une nouvelle limitation, *sauf ce qui sera dit sur le serment et l'aveu judiciaire.*

Mais cette limitation ne s'applique qu'à la première partie de l'article : *La présomption légale dispense de toutes preuves, celui au profit duquel elle existe*, et non à la seconde, comme pourrait le faire croire sa mauvaise rédaction, car si la loi, sur le fondement d'une présomption annule un acte ou dénie l'action en justice, c'est que dans ces cas elle a voulu établir une nullité absolue, que ne peut combattre la preuve contraire, comme elle le dit elle-même, et par conséquent, ni l'aveu, ni le serment, qui selon nous sont de véritables preuves, et qui assurément en tiennent lieu ce qui revient au même. Cette opinion a été enseignée par Casa Regis (1), que les rédacteurs du Code, paraissent avoir copié ici. Elle est aussi celle de MM. Toullier et Duranton.

---

(1) *Ubi aliqua lex vel statutum annulans aliquem actum, editum fuit ad removendas omnes fraudis occasiones, comprehendit etiam casum in quo constaret nullam fraudem commissam fuisse ; quia, etc....* (Discours, 8, nº 12.)

PRÉSOMPTIONS LÉGALES.

La présomption légale aux termes de l'art. 1350, est celle qui est attachée par une loi à certains actes ou à certains faits.

Ou bien elle est, comme nous l'avons dit, une conséquence que la loi tire d'un fait connu pour arriver à la connaissance d'un fait inconnu. Et nous ajouterons à cette définition pour la rendre aussi exacte que possible. La présomption légale est une conséquence, entre plusieurs autres possibles que la loi tire à *priori* d'un fait (autre qu'une affirmation humaine), pour arriver à la connaissance d'un autre fait inconnu. (Car cette conséquence n'est pas la seule qu'on puisse tirer du fait, mais bien celle que la loi a choisi entre toutes les autres, et elle est toujours tirée à l'avance).

Les présomptions légales, hardiesses de la loi, qui tranche le nœud sans le délier, et partant exorbitantes du droit commun, doivent être strictement renfermées dans la nomenclature qu'elle nous en a donnée, et jamais le juge ne doit se permettre de les étendre sous aucun prétexte.

Ces présomptions sont :

1° Les actes que la loi déclare nuls comme présumés faits en fraude de ses dispositions d'après leur seule qualité ;

2° Les cas dans lesquels la loi déclare la propriété ou la libération résulter de certaines circonstances déterminées ;

3° L'autorité que la loi attribue à la chose jugée (1), nous n'ajoutons pas en quatrième lieu, comme le fait le Code : *La force que la loi attache à l'aveu de la partie ou à son serment ;* car

(1) Cette énumération n'est pas restrictive, il existe encore une foule de présomptions qu'elle ne comprend pas. Telles sont celles des art. 720, 721, 722, 724, 1031, 1064, etc. Code civil, et 117, 638, etc., Code de commerce.

4

nous n'admettons pas que l'aveu de la partie et le serment soient des présomptions, nous les regardons, au contraire, comme des preuves proprement dites. Si la loi a paru les ranger ici au nombre des présomptions, c'est par pure inadvertance, puisqu'elle les a énumérés plus haut, art. 1316, dans la classe des preuves.

Du reste, l'art. 1350 n'est pas dérogatoire à l'art. 1316, car le Code, dans les art. 1354 et suivans, a consacré à l'aveu et au serment des sections particulières, de sorte qu'ils ne forment pas deux titres placés sous la rubrique des présomptions, mais dans deux sections qui leur sont propres.

Maintenant reprenons l'art. 1350.

Quant à la première des présomptions qu'elle énumère, nous nous contenterons d'en citer les exemples; nous en trouverons aux articles suivans : 911, 1103, 1699, 1700, 1701, 472, 1595, 2078, au Code civil; 444, 445, 446, au Code de commerce.

Nous en dirons autant de la seconde, et nous en verrons des applications dans les cas énumérés aux articles 654, 666, 670, 2230, 2231, 2279, 1116, 2268, 1402, 552, 553, 1282, 1283, 1908, 2271, 2272.

Pour la présomption que la loi attache à l'autorité de la chose jugée, comme elle est d'une très haute importance, nous en parlerons plus longuement.

La loi suppose aux juges de la probité, de l'intelligence; et le choix de leurs personnes, les épreuves auxquelles ils sont soumis avant d'être déclarés aptes à remplir leur auguste profession, justifient jusqu'à un certain point cette présomption, quoique, comme toutes les autres, nous le répétons, elle ne soit point exempte d'incertitude; et sur la foi de cette présomption, la loi présume que la chose décidée par un jugement est la vérité.

Elle peut bien cependant ne pas l'être, car dicté par une raison essentiellement faillible, tout jugement de l'homme peut être faillible comme elle. Mais si le juge a pu se tromper, il a pu aussi, et plus probablement encore , décider avec sagesse. Puis comment savoir si une nouvelle décision rendue par un nouveau juge sera meilleure que la première? Entre deux jugemens opposés à quoi reconnaître le *critérium* de la vérité? où le trouver, et qui le trouvera?... On le voit, nous tournons ici dans un cercle vicieux, dont l'on ne peut sortir qu'en décidant avec la loi, que la chose jugée l'a été bien, et qu'on doit la tenir pour vérité.

L'autorité de la chose jugée, il faut le reconnaître, est avec la prescription la base la plus solide de la société. Sans elle tout pourrait être remis perpétuellement en question ; il n'y aurait plus pour personne ni sécurité, ni stabilité. Cette vérité, ainsi que toutes les vérités premières, a étésentie en tout temps, comme elle l'a été dans tous les lieux. *Res judicata pro veritate habetur*, disait-on à Rome , et bien longtemps avant que Cicéron l'eût enseigné dans sa doctrine, Socrate l'avait proclamé par son exemple.

Au surplus, cette présomption ne change rien à la nature des choses, ce qui est vrai demeure éternellement vrai ; un innocent condamné n'en restera pas moins innocent. Ce n'est pas sur lui que retombera la honte d'un jugement inique, mais bien sur le juge indigne qui l'aura rendu , et que flétrira l'opinion publique, *qui illum damnarunt causam dicent omnibus sæculis* (Sénèque). Ce n'est qu'aux effets purement civils ques'attache la présomption de vérité, et, dans ce cas encore, a-t-on tant de moyens pour combattre un jugement, et ne pas lui laisser acquérir la force de chose jugée; que le préjudice qui en peut résulter devient tellement rare qu'il est, pour ainsi dire, impossible aux hommes qui s'occupent de leurs affaires avec la vigilance qu'ils doivent y mettre,

Admettrons-nous maintenant que la chose jugée ne soit pas une présomption qui repousse la preuve contraire, comme l'ont admis plusieurs auteurs ? Non, ce serait manquer en partie le but que la loi s'est proposée ; ce serait retomber dans les contestations interminables qu'on a voulu éviter. La chose jugée, selon nous, n'admet aucune preuve contraire, pas même la délation du serment.

On nous permettra toutefois de n'en pas conclure que la chose jugée soit un mode d'extinction de l'obligation. Pas plus que la prescription, elle ne saurait éteindre l'obligation naturelle. La loi ne peut faire que ce qui existe n'existe pas. Tout son pouvoir se borne à refuser une action pour réclamer un droit acquis ; une sanction pour le faire exécuter. C'est ce qu'elle a fait ici. Aussi, selon nous, la chose jugée n'est-elle rien autre chose qu'une exception perpétuelle que celui en faveur duquel elle existe, pourra opposer à son adversaire, sans que pour cela la cause de la prétention de celui-ci ait cessé d'exister.

Pour que la présomption de vérité soit acquise à la chose jugée, il faut que le jugement dont il s'agit soit *passé en force de chose jugée*, c'est-à-dire qu'il ne soit plus susceptible d'être réformé par les voies légales ordinaires, et qu'il ne l'ait pas été par les voies extraordinaires.

Et, lorsqu'un jugement est passé en force de chose jugée, il faut encore, pour que la présomption de la loi se réalise, trois conditions :

1° Que la chose qui est l'objet de la nouvelle demande soit la même que celle sur laquelle il a déjà été statué ;

2° Que la nouvelle demande soit fondée sur les mêmes causes que la première ;

3° Qu'elle ait lieu entre les mêmes parties, leurs héritiers ou ayant-cause ; qu'elle soit intentée par elles et contre elles dans les mêmes qualités.

Inspiciendum est an idem corpus sit, quantitas eadem, idem jus, an eadem causa petendi et eadem conditio personarum quæ nisi omnia concurrunt aliis res est.

Ces dispositions adoptées depuis longtemps, en France, sont tirées, comme on le voit, du droit romain, qui lui-même les avait prises dans ce droit immuable qui est le même partout, pour tous, et toujours : la raison !

Reprenons cette énumération, d'une manière très succincte toutefois, car la longueur et l'importance des développemens qu'elle comporte ne peut rentrer dans le cadre étroit de notre thèse.

1° La chose demandée doit être la même.

Cela est évident; car de ce que je n'ai pas de droit sur une chose, il est impossible d'en inférer que la prétention que j'élève sur une autre soit dénuée de fondement.

Mais l'identité de la chose dont il est ici question, ne doit pas être une identité mathématique ; il n'est pas de rigueur que la chose demandée une seconde fois se trouve absolument dans l'état où elle se trouvait lors de la première instance. L'identité requise est toujours la même, quoique la chose ait subi diverses modifications ; car la loi n'a en vue qu'une identité *in individuo aut in jure.* (D. L. 14). *Nec interest utrum in corpore, hoc quæratur, an in quantitate, vel in jure.* (D. L. 7.)

Ainsi, celui qui aurait été jugé n'avoir aucun droit sur une partie d'une hérédité serait, *a fortiori*, repoussé sur la demande du tout. Et *vice versa*, celui qui aurait perdu sa cause en réclamant l'hérédité entière, la perdrait également s'il venait en demander une partie, *nam in toto pars continetur.*

Ceci, toutefois, ne doit s'entendre que des cas où le demandeur aurait été rejeté comme n'ayant aucun droit à la chose, et non pas de ceux dans lesquels il ne l'aurait été que comme ayant trop demandé.

Mais l'usufruit étant une servitude personnelle tout à fait indépendante et distincte de la propriété, tel qui aurait en vain essayé de se faire reconnaître propriétaire d'un fonds, pourra néanmoins en obtenir l'usufruit. L'usufruit *formel* s'entend, qu'il faut bien se garder de confondre avec l'usufruit *causal*.

2° La demande doit être fondée sur la même cause.

Ceci est encore tout naturel ; en effet, si j'ai succombé dans ma prétention, lorsque je soutenais que vous aviez contracté envers moi telle obligation, cela ne m'empêchera pas de triompher dans ma demande, lorsque, quelque temps après, je viendrai prétendre que vous êtes obligé à vous acquitter de cette même obligation en vertu de tel testament ; car, si l'objet du droit est le même, la cause est différente : et ici la cause est le principe de l'action.

Le droit romain faisait, relativement à cette deuxième disposition, une distinction, admise aussi par nos anciens auteurs, entre les actions réelles et l'action personnelle. Mais cette distinction, depuis la rédaction de l'article 61-3° du Code de procédure, n'offre plus d'intérêt.

Il faut surtout se garder de confondre la cause avec les moyens de la demande ; car les moyens peuvent très bien varier la cause restant la même, et *vice versa*.

3° La demande doit être formée entre les mêmes parties, et par elles, et contre elles, dans la même qualité.

La vérité des jugemens, comme celle de toutes les obligations, est *relative*. Elle ne peut donc nuire ni profiter à ceux qui n'ont pas été perdus dans un procès. *Res inter alios acta aliis neque nocet neque prodest.* Cette disposition n'est qu'une application du principe posé par l'art. 1165. Il faut de plus que les parties agissent en vertu des mêmes qualités ; car il y a évidemment une autre *personne juridique* en jeu, lorsque, par exemple, ce que j'ai demandé comme étant dû au pupille dont je suis le tuteur, je viens le réclamer en mon nom personnel, si je découvre ensuite que j'ai des droits sur la chose. La règle que la chose jugée n'a d'effet que pour les parties entre lesquelles elle est intervenue et celles qui ont été dûment représentées, est tellement rigoureuse qu'elle s'applique même aux matières qui paraissent les plus indivisibles. Sirey, 1822, P. 2°, n° 177, rapporte un arrêt par lequel, un enfant jugé antérieurement illégitime par rapport à sa famille paternelle a été déclaré légitime vis-à-vis des parens de sa mère.

PRÉSOMPTIONS JUDICIAIRES.

Il est, avons-nous dit, des présomptions laissées à l'appréciation et aux lumières du magistrat d'une incalculable variété ; comme ce qui donne lieu à leur application, elles ne pouvaient être déterminées d'avance. Cependant ici encore, pour laisser le moins possible à l'arbitraire du juge, la loi, toujours prévoyante, a fixé de sages limites au pouvoir qu'elle lui accorde.

Ainsi, les présomptions humaines ne peuvent être admises que dans les cas où il y a lieu à preuve testimoniale. Et, dans ce cas même, pour être valables, doivent-elles de plus avoir le triple caractère de gravité, précision et concordance.

Une présomption sera grave, lorsque les conséquences à tirer des faits qui lui serviront de base entraîneront puissamment à l'appréciation du fait inconnu.

Elle sera précise, lorsque ces faits seront certains, déterminés, et qu'ils auront un trait direct à la chose qu'il s'agit d'établir.

Les présomptions seront enfin concordantes lorsqu'il n'y aura ni contradictions entre les faits connus, ni divergence dans leurs conséquences.

De ce troisième caractère il paraîtrait résulter qu'une seule présomption serait insuffisante pour éclairer la religion du juge.

La loi ajoute à la fin de l'article 1353 : *à moins que l'acte ne soit attaqué pour cause de fraude et de dol.* Cela était parfaitement inutile, puisque dans ces cas on peut entendre des témoins, attendu qu'il est impossible de se procurer une preuve par écrit.

Quoique l'article 109 du Code de commerce ne parle pas des présomptions, il va cependant de soi que le juge a la faculté de les admettre, puisqu'elles sont recevables, en règle générale, toutes les fois que la preuve testimoniale l'est elle-même, et que cette preuve, admise avec tant de réserve en matière civile, l'est d'une manière bien plus large lorsqu'il s'agit de faits de commerce.

DE L'AVEU.

L'aveu, que l'on nomme aussi en droit *confession*, est la déclaration par laquelle une partie reconnaît le droit ou l'exception de l'autre, ou quelque fait qui s'y rapporte.

Comme le consentement, l'aveu n'est que la manifestation de la volonté dont il émane, mais il en diffère sous deux points de vue : d'abord, en ce que le consentement, se rapportant toujours à un fait présent, forme, engendre la convention, tandis que l'aveu, qui s'applique forcément à une convention préexistante, n'en est que la preuve ; ensuite, en ce que le consentement est toujours libre, toujours facultatif dans son origine, lorsqu'il s'agit d'une obligation qu'on peut ou non contracter ; qu'une fois engagé, au contraire, l'aveu, moralement forcé, n'est plus que l'accomplissement d'un devoir.

Considéré au point de vue de la preuve, l'aveu est judiciaire ou extra-judiciaire selon qu'il a ou n'a pas lieu en justice, comme les mots l'indiquent.

Lorsque l'aveu est fait librement, en connaissance de cause, il devient, contre la partie qui a avoué, la plus forte de toutes les preuves et la plus propre à déterminer la conviction du juge ; aussi les docteurs l'appelaient-ils *probatio probatissima* (Menoch), *probatio plenissima* (Pyrrhing).

AVEU EXTRA-JUDICIAIRE.

L'aveu extra-judiciaire peut résulter d'une lettre missive, d'un écrit, d'un acte authentique ou sous seing-privé (1). S'il revêt cette forme, nous n'avons pas à nous en occuper, on doit lui appliquer les règles tracées au titre des preuves littérales ; disons seulement quelques mots de l'aveu extra-judiciaire verbal.

L'allégation d'un aveu extra-judiciaire purement verbal, lisons-nous à l'art. 1355, est inutile toutes les fois qu'il s'agit d'une demande dont la preuve testimoniale serait inadmissible. Le but de cette disposition est d'empêcher qu'on élude les règles tracées sur la preuve testimoniale et qu'on parvienne indirectement „ en prouvant oralement une obligation reconnue par un aveu verbal, aux résultats auxquels on serait arrivé en prouvant directement par témoins, et que l'on retombe ainsi dans les abus et les inconvéniens que la loi a voulu éviter. Mais je crois que l'expression de la loi *sera inutile*, a été plus loin que sa pensée : il sera inutile seulement en ce sens qu'il ne pourra être prouvé par témoins quand il y aura eu possibilité de se procurer une preuve écrite ; mais il sera valable toutes les fois que, par

---

(1) Rigoureusement on ne doit donner le nom d'aveux aux écrits qui les constatent, qu'à ceux de ces écrits, qui n'avaient pas pour objet de servir de preuve du fait contesté. Les autres ne sont plus des aveux mais de véritables preuves.

exception, la preuve testimoniale est admise au-dessus de 150 fr., et dans les cas mêmes où cette preuve est inadmissible, il est encore inexact de dire que l'aveu sera inutile, car le serment pourra être déféré sur cet aveu, puisque aux termes des articles 1358 et 1360 combinés, il peut être déféré sur toute espèce de contestation et en tout état de cause, encore qu'il n'existe aucun commencement de preuve de la demande ou de l'exception sur lesquelles il est provoqué.

Pour que l'aveu (même prouvé) fasse preuve, il est évident qu'il doit avoir été fait par une personne capable de s'obliger (1) valablement pour l'objet auquel il se rapporte, ou par son fondé de pouvoir spécial. L'aveu judiciaire peut être tacite, ainsi un paiement est une reconnaissance tacite de la dette. L'aveu tacite a la même force que l'aveu formel.

AVEU JUDICIAIRE

L'aveu judiciaire est la déclaration que fait en justice la partie ou son fondé de pouvoir spécial (2).

L'aveu judiciaire peut avoir lieu verbalement à l'audience ou dans un interrogatoire sur faits et articles; il peut aussi avoir lieu par écrit, dans des actes de procédure signifiés pendant le cours de l'instance.

Aucune offre, aucun aveu ou consentement ne pourront être donnés sans un pouvoir spécial (352 Cod. proc.). Seulement, lorsqu'un aveu aura été fait par un avoué, la partie qui voudra le rétracter ne pourra y parvenir qu'en intentant une procédure

---

(1) Il faudrait de plus que la partie qui a fait l'aveu ne prouvât pas qu'elle l'a fait à la légère, car on ne pourrait tirer aucune induction d'un pareil aveu.

(2) On doit même généralement, pour faire un aveu valable, avoir la capacité d'aliéner à titre gratuit. *Qui non potest donare non potest confiteri.*

en désaveu, car l'avoué est censé pouvoir faire tout ce qui est relatif au procès; tandis que si l'aveu, au contraire, a été fait par un mandataire ordinaire hors des limites de son pouvoir, le mandant, pour le rendre nul, n'aura besoin que de le dénier. En effet, aux termes de l'article 1998, il n'est tenu de ce qui a pu être fait au delà de son mandat qu'autant qu'il l'a ratifié expressément ou tacitement.

Considéré d'après ses causes, l'aveu peut être *spontané* ou *forcé.*

L'aveu régulièrement fait par une personne ayant capacité à cet égard, fait pleine foi contre elle ou contre celui qu'elle représente; mais à l'inverse, et contrairement au serment décisoire, l'aveu ne fait aucune preuve en faveur de celui qui l'a fait; car il n'est pas provoqué en vue d'en faire dépendre la décision de la cause, mais afin d'obtenir par ce moyen les preuves qui manquent : *Ut confitendo vel mentiendo sese oneret.*

Et la force de l'aveu contre celui qui l'a fait, est assimilée à l'autorité de la chose jugée. Paul en donne pour raison que *is qui confessus quodam modo suâ sententiâ damnatur.* Ulpien disait aussi : *nullas esse partes judicantis in confitentem.*

Mais puisque telle est l'importance de l'aveu, il faut bien se garder de le dénaturer; aussi le Code dit ce que l'aveu ne *saurait être divisé,* (1) car ce serait très souvent dénaturer l'aveu que de vouloir le scinder. En effet, les déclarations faites dans un aveu sont toute la condition l'une de l'autre. Si, par exemple, j'ai avoué que vous m'avez prêté 100 fr. et que je vous les ai rendus, vous pourriez vous armer contre moi de la première parole de mon aveu, et rejeter la seconde. Cela est palpable.

____

(1) Cette règle ne doit-elle souffrir aucune exception? La question est très controversée. A Rome elle n'était pas douteuse. Ut confitendo *vel mentiendo* sese oneret, disent les textes.

Il faut remarquer toutefois que la loi de *l'aveu*, etc., et non pas *les aveux* ; ainsi, s'il est impossible de diviser les déclarations faites dans la même phrase, et je dirai plus, dans le même interrogatoire, il ne s'en suit pas qu'on ne puisse réjeter ensuite, d'autres aveux subséquens qui auraient pour but de rétracter ou de modifier le premier.

Ce que nous venons de dire sur l'indivisibilité de l'aveu est inapplicable en matière criminelle où l'on suit une règle toute opposée.

L'aveu, dit encore l'article 1356, *ne peut être révoqué, à moins qu'on ne prouve qu'il a été la suite d'une erreur de fait. Il ne pourrait être revoqué par suite d'une erreur de droit.*

Donc, pas de difficulté pour l'erreur *de fait.* On suit ici la règle *non fatetur qui errat.* Un aveu fondé sur une erreur de fait n'est pas un aveu. Il peut toujours être révoqué.

Puis toutes les fois qu'une obligation valablement contractée aura été avouée, et qu'ensuite on voudra revenir sur cet aveu, et le révoquer sous prétexte qu'il a été fait par erreur de droit, alors assurément la révocation sera impossible. Ainsi dans cette espèce, si au lieu d'opposer la prescription de six mois ou d'un an à la demande en paiement d'une fourniture, j'avoue qu'elle m'a été faite et qu'elle n'a pas été soldée, je ne pourrai demander la rétractation de mon aveu, en me fondant sur ce que j'ignorais la loi à l'endroit de la prescription, car ici, bien que mon créancier ait été négligent, je n'en dois pas moins ; peut-être même s'il n'a pas réclamé plus tôt, c'est qu'il avait en moi une confiance que je ne méritais pas. Ici, nous le répétons, la décision de la loi n'a rien que de sage et de rationel.

Puis, dans ce cas encore, si après avoir reconnu devoir une somme léguée par mon père, je veux révoquer mon aveu, en alléguant que le testament était nul pour incapacité ou tout autre motif, comme il est impossible de prouver que l'erreur de droit a été la cause déterminante de mon aveu, qui pouvait en effet avoir été dicté par un sentiment de piété filiale, etc., ma prétention doit être rejetée, à moins toutefois que je ne prouve que l'erreur est une suite du dol de mon adversaire, car, en ce cas, peut-être, le dol pourrait-il se prouver.

Mais voici un autre point :

Lorsqu'une obligation n'a aucune cause légitime ou naturelle; qu'elle n'a été consentie que par erreur de droit, elle se trouve absolument dans le même état que si elle était basée sur une fausse cause, ou que si elle n'en avait point du tout et par conséquent, elle est nulle. Ceci est incontestable. Mais si cette obligation a été acquittée, donnera-t-elle lieu à la *condictio indebiti?* Ici les avis sont partagés. Cujas, Pothier, Voët, Perez, ont enseigné la négative. Papinien, Vinnuis, le chancelier Daguesseau, les professeurs de Louvain, ont adopté l'opinion contraire, consacrée par le Code dans son article 1377, qui, ne faisant aucune distinction entre l'erreur de fait et l'erreur de droit, accorde la répétition dans tous les cas. Et en effet, l'acquittement d'une pareille dette n'est fondé ni en équité, ni en droit, car une erreur quelconque ne peut être cause d'engagemens ou de paiemens, attendu qu'elle est toujours contraire au consentement. Maintenant, si dans ce cas la loi accorde la répétition de la dation de l'indu, il nous semble que nous sommes en droit d'en conclure que, si cette dation n'a été faite qu'après un aveu de cette dette, sans cause, et basée seulement sur une erreur de droit, elle n'en pourra pas moins être repétée, car l'aveu qui se rattache nécessairement à quelque chose de préexistant, qui ne se conçoit pas sans cela, ne peut donner de cause à ce qui n'en avait pas, ni valider une obligation nulle en son principe.

DU SERMENT.

Le serment est un acte tout à la fois civil et religieux par lequel une partie prend Dieu à témoin de la vérité de ce qu'elle affirme ou de la sincérité de son intention.

Doit-on distinguer dans le serment deux choses, l'*invocation* et l'*imprécation*, et reconnaître avec Saint Thomas deux espèces de sermens, ou soutenir avec Pothier et Domat que la simple invocation est insuffisante pour constituer un serment proprement dit, dont l'imprécation doit être l'essence? C'est un point que nous nous abstiendrons de discuter, en reconnaissant néanmoins que c'est surtout dans l'imprécation que le serment trouve sa force et sa sanction.

Le serment est *judiciaire* ou *extra-judiciaire*.

Le serment judiciaire se divise en deux classes suivant l'objet auquel il se rapporte. Lorsqu'il se rattache à des événemens futurs, il est appelé *promissoire*. Lorsqu'il a trait au contraire aux choses présentes ou passées, on l'appelle *affirmatif*.

Tant que le clergé eut la prétention de connaître des affaires de justice, le serment promissoire qui déterminait la compétence des tribunaux ecclésiastiques et des tribunaux civils, fut d'un très fréquent usage. Mais depuis que ces prétentions fausses en elles-mêmes, quoique peut-être elles n'aient produit aucuns fâcheux résultats, ont été abandonnées, ce serment est tombé en désuétude dans les relations privées. En effet, dans le for intérieur, celui qui ne se fait pas scrupule de fausser la parole donnée, ne se souciera pas davantage de violer la sainteté du serment; et dans le for extérieur, il serait tout-à-fait illusoire. Car de deux choses l'une : ou l'obligation est valable, et alors la loi donne pour la faire exécuter une action à la force de laquelle le serment ne peut rien ajouter ; ou elle ne l'est pas, et dans ce cas la loi dénie tout moyen d'exécution nonobstant le serment du débiteur. Car les lois ne peuvent être laissées à l'arbitraire des particuliers, et il serait tout-à-fait inutile d'en faire sur les conditions requises pour la validité des obligations, si l'on pouvait, au mépris de ces conditions, rendre valables au moyen d'un serment des engagemens qu'elles réprouvent.

Mais, le serment promissoire est encore de nos jours imposé aux fonctionnaires publics, et dans tous les cas le législateur obligé de faire appel à la conscience de l'homme inaccessible à toute autorité purement humaine, a pensé qu'il n'aurait d'autre puissance qu'en empruntant celle à laquelle rien ne peut se soustraire, je veux dire celle de la religion !

Lorsque le serment affirmatif est déféré par l'une des parties à l'autre, il tire son nom du but qu'il se propose, il est *décisoire*.

Quant il est déféré par le juge en vertu de son pouvoir dans les cas prévus par la loi, on le nomme *supplétoire*.

Quoique le Code garde le silence sur le serment extra-judiciaire, nous devons bien nous garder d'en conclure qu'il serait sans effet dans notre législation ; aussi allons nous en dire quelques mots.

SERMENT EXTRA-JUDICIAIRE.

Le serment prêté extra-judiciairement est valable comme toute autre convention que ne proscrivent ni les lois ni les bonnes mœurs. Il conserve le caractère de transaction qu'il avait en droit romain ; aussi ne peut-il être prêté que sur un objet à l'égard duquel les parties ont capacité pour transiger.

Le serment extra-judiciaire n'étant que le résultat d'une convention, il suit que comme on est toujours libre de ne pas s'obliger, on peut se refuser à le prêter ou à le référer sans que cela préjuge en rien la cause en question.

Réciproquement, lorsque la délation du serment a été acceptée, on ne peut s'en affranchir ou le référer, car ce serait changer la conventiou qui ne peut l'être que d'un commun accord.

SERMENT JUDICIAIRE.

1° *Serment décisoire.*

Le serment décisoire est celui qu'une partie défère à l'autre pour en faire dépendre le jugement de la cause. Il a l'effet d'une transaction et l'autorité de la chose jugée ; ou, autrement dit, d'une présomption légale qui n'admet pas la preuve contraire.

A Rome, celui qui déférait ce serment, était lui-même obligé lorsque l'exigeait son adversaire, de prêter au préalable le serment *de calumniâ.* Ce serment a été très sagement retranché de notre législation comme étant beaucoup plus propre à donner lieu à une foule de parjures inutiles qu'à diminuer le nombre des procès, quoiqu'en aient dit les anciens jurisconsultes.

L'article 1358 pose en principe que le serment peut être prêté *sur quelque espèce de contestation que ce soit;* mais il faut bien se garder de faire ici une confusion dans laquelle pourrait nous entraîner la rédaction de cet article, s'il n'était sagement interprété.

Le serment peut être déféré sur toutes espèces de contestations, cela est vrai en ce sens qu'il peut l'être en matière personnelle comme en matière réelle ; au possessoire, comme au pétitoire ; sur la demande, comme sur l'exception.

Mais qu'en ces matières le serment puisse être déféré *dans tous les cas quelconques*, voilà qui serait tout-à-fait inexact. Nous trouvons en effet une foule d'exceptions à cette faculté de déférer le serment que nous nous dispenserons d'énumérer parce qu'elles peuvent toutes se rapporter à deux points principaux, savoir :

Que le serment décisoire (qui a le caractère de transaction), ne peut être déféré toutes les fois qu'une transaction serait impossible.

Que le serment qui n'est qu'un moyen de preuve, ne peut être déféré non plus dans les cas où la preuve serait inutile : *frustra probatur quod probatum non relevat,*

Tel est, je crois, le seul sens raisonnable que l'on puisse donner à cet article.

Le serment décisoire, ne peut être déféré que sur un *fait personnel* à la partie à laquelle on le défère, ou bien encore sur le point de savoir si cette partie n'a pas connaissance d'un fait qui lui est étranger. Car bien que ce fait ne lui soit pas personnel, la connaissance qu'elle peut avoir, est quelque chose qui lui est personnel. (art. 2275).

Ce serment ne peut encore être déféré que par une personne ayant la libre disposition de l'objet de la contestation, ou son fondé de pouvoir spécial, à une autre personne, les mêmes capacités,

Il ne peut être rétracté lorsque la partie adverse a déclaré qu'elle était prête à le faire, d'où il suit que jusque-là, il peut l'être.

Le serment peut être déféré *en tout état de cause*, sauf toutefois l'application des règles tracées au Code de procédure (222).

L'art. 1363, n'est qu'une corollaire de l'art. 1315.

Celui qui se refuse à prêter le serment qu'on lui défère, ou à le référer à son adversaire, est, par cela seul, déchu de sa demande ou de son exception ; car c'est se condamner soi-même et faire un aveu tacite de l'injustice de sa prétention, que de ne vouloir pas s'engager sous la foi du serment, à la reconnaître bien fondée.

Réciproquement, comme celui qui défère le serment décline

l'autorité du juge pour en revêtir son adversaire, duquel va dépendre la décision du procès. On ne saurait l'admettre à méconnaître l'autorité de ce serment en en prouvant la fausseté ; car il ne peut dire que le tribunal en conformant son jugement à un moyen décisif qu'il était libre de ne pas invoquer, lui à fait *grief.*

Mais comme l'art. 166 du Code pénal punit de la dégradation civique, celui qui est convaincu de faux serment, et que l'article premier du Code d'instruction criminelle, permet à tous ceux qui ont été lésés par un crime ou un délit, de se porter partie civile dans l'action intentée pour la répression de ce crime ou délit, il suit delà, que celui qui a été condamné par suite d'un faux serment, qui est un crime, pourra se porter partie civile pour obtenir, à titre de domages et intérêts, la réparation du préjudice qui lui a été causé (1).

Ce qui n'est pas du tout attaquer, le jugement rendu sur le serment, qui conserve toute sa force et reçoit son exécution. Et cela est si vrai, que s'il n'y a aucune mauvaise foi à reprocher à celui, par qui le faux serment a été prêté, il n'y aura pas lieu à intenter l'action criminelle, par conséquent pas lieu à se porter partie civile et pas d'indemnité à réclamer ; car le Code le dit formellement : il est interdit de prouver au civil, qu'un serment a été faussement prêté, par respect pour la chose jugée.

La vérité de cette opinion nous paraît démontrée, lorsque nous nous reportons aux discussions que souleva l'art. 103, lorsqu'il fut présenté au Conseil-d'État.

Plusieurs de ses membres voulaient que l'on appliquât au parjure la peine du faux témoignage, parce que disaient-ils, le parjure renferme un faux témoignage manifeste. Cependant la considération que celui qui prête un faux serment y étant entraîné

______

(1) A Rome cette action n'eut pas été admise. On disait : *sufficit perjurii pœna.* (D. L. 22, De dolo malo.)

par son intérêt personnel, et n'ayant pas directement l'intention de nuire, ne commet qu'une escroquerie, empêcha de l'assimiler au faux témoin, plus coupable, puisqu'il commet le mal pour le mal, et lui fit appliquer une peine moindre (1).

La commission du Corps-Législatif, au contraire, trouvant une contradiction entre les art. 1363 du Code civil et 366 du Code pénal, ne concluait à rien moins, qu'a la suppression de ce dernier, comme seul moyen de le faire disparaître. Cette opinion ne pouvait prévaloir ; d'abord elle était erronée, car la poursuite du parjure appartient surtout au ministère public, auquel la question de savoir si la partie lésée, peut ou non prétendre que le serment en faux, est tout à fait étrangers. Puis l'on est vraiment épouvanté, lorsque l'on aperçoit les conséquences qui résulteraient d'un pareil système. On ne voit pas en effet, où se seraient arrêtés lacupidité, la mauvaise foi et le scandaleux abus des faux sermens, si le parjure avait pu jouir dans l'impunité du fruit d'une imposture impossible à dévoiler au grand jour d'une justice impuissante, à la punir comme à la réprimer.

Maintenant la partie lésée, par la prestation d'un faux serment doit elle être recevable à en faire elle-même la dénonciation au ministère public ? Nous ne voyons aucun texte qui s'oppose à cela. L'intérêt de la société exige, que le crime ne reste pas impuni, et les circonstances peuvent être telles que cette partie soit la seule en état d'en administrer la preuve.

Nous croyons, toutefois, que le faux serment ne pourra être regardé comme tel, et devenir passible d'une poursuite criminelle, qu'autant qu'il aura été produit une preuve écrite, ou un commencement de preuve par écrit, du fait faussement dénié, dans le cas où la loi civile l'a soumis à ce genre de preuve (1341,

---

(1) Cette peine devait dans le projet être à la fois afflictive et infamante, mais la dégradation civique fut seule conservée.

1347, 1348). En effet, il doit y avoir exception au principe, que les faits criminels peuvent être prouvés par témoins, lorsque la contestation de ces faits dépend essentiellement de la preuve d'autres faits civils, assujétis à la production d'un acte écrit qui les constate ; car dans ce cas, la loi civile étend son empire sur la loi criminelle, et la preuve du second fait (bien que frappé d'une disposition pénale), est subordonnée à la preuve du premier. (Arrêts de Cassation, 5 septembre 1812, 17 juin 1813).

Nous devons ajouter que si le serment n'a été prêté que parce que l'une des parties a retenu les pièces décisives appartenant à son adversaire, la loi voit dans ce cas une ouverture à requête civile (Cod. proc. 480). Lorsque le jugement est passé en force de chose jugée, ce que l'on peut faire par voie de requête civile, on pourra par argument *a fortiori* le faire par la voie de l'appel, si l'on est encore dans les délais ; et si les pièces viennent à être retrouvées avant que le jugement ne soit rendu, le serment pourra être rescindé sur le fondement du dol commis par la retenue des pièces.

Du principe que les conventions comme les jugemens n'ont de force qu'entre les parties, résulte cette conséquence (signalée par Pothier et les jurisconsultes romains, et consacrée par le Code), que le serment qui tient de l'un et de l'autre ne forme preuve qu'au profit de celui qui l'a déféré, et contre lui ; et au profit de ses héritiers et ayant-cause ou contre eux.

Cependant, ajoute l'art. 1365, dernier alinéa : Le serment déféré au débiteur principal libère également les cautions ; celui déféré à l'un des débiteurs solidaires profite aux codébiteurs ; et celui déféré à la caution profite au débiteur. Ces restrictions ne sont que des conséquences des principes posés aux titres du cautionnement et de la solidarité. Mais sans aller aussi loin, nous en trouvons un motif plus général dans les lois romaines dont les dispositions sont tirées, c'est que le serment tient lieu de paiement,

Nam jusjurandum loco solutionis cedit. (L. 27 et 28, § 1, D.).

Mais contrairement à la loi romaine, notre législateur n'a pas fait l'application de ce principe au cas où c'est un des créanciers solidaires qui a déféré le serment. C'est une conséquence de la nécessité dans laquelle il se trouvait de concilier cette décision avec la règle nouvelle, formulée à l'art. 1198 ; car la délation du serment décisoire est une remise conditionelle, et le mandat qui existe entre les créanciers solidaires, et en vertu duquel chacun d'eux peut agir dans l'intérêt commun, *partim proprio, partim procuratorio nomine.*, lorsqu'il faut conserver l'obligation, cesse de plein droit quand il s'agit de l'éteindre. Si l'un d'eux veut faire remise de sa part, il le peut assurément, mais c'est un acte de bienfaisance (*proprio nomine*), qui lui est purement personnel.

Le serment, tenant de la nature de l'aveu judiciaire, on peut par analogie lui appliquer la description de l'article 1356 et le regarder comme indivisible.

2° *Serment déféré d'office.*

Le juge peut, en vertu du pouvoir dont il est investi, déférer dans certaines circonstances le serment à l'une des parties, soit pour en faire dépendre la décision de la cause, soit pour déterminer le montant de la condamnation.

1° Le serment que le juge a déféré d'office pour en faire dépendre le montant de la condamnation est communément appelé SERMENT SUPPLÉTOIRE. Il nous vient du droit romain, L. 3, D. *de jurejurando* et L. 3, C. *rebus creditis.* Le parlement de Paris l'avait rejeté comme le trouvant trop dangereux au milieu d'une société vénale et corrompue, et Pothier conseillait aux juges de ne pas employer ce moyen qui n'était qu'une occasion de parjure. Il rapporte même à ce sujet que pendant quarante ans qu'il remplit les fonctions de conseiller au présidial d'Orléans, il ne lui est pas arrivé plus de deux fois de voir qu'une partie retenue par la religion du serment ait renoncé à ce qu'elle avait mal à propos soutenu (n° 925 tit. des obl.).

Quant à nous, sans prétendre discuter si la question de savoir si c'est à tort ou à raison que le serment supplétoire a été conservé dans notre législation actuelle, nous nous plaisons à reconnaître que l'article 1367 a fait un heureux correctif à la doctrine en vigueur au temps de Pothier (sous l'empire de laquelle on enseignait qu'on pouvait admettre ce serment lors même qu'il y avait des preuves acquises), en rétablissant les règles posées par le droit romain. *In bonæ fidei contractibus, nec non in cæteris causis inopiâ probationum (causis dubiis), per judicem jurejurando, causâ cognitâ, rem decidè oportet.*

Donc deux conditions requises pour que le juge puisse déférer le serment soit sur la demande, soit sur l'exception qui lui est opposée.

1° La demande ou l'exception ne doivent point être pleinement justifiées. 2° Elle ne doivent pas être totalement dénuées de preuves. Hors ces deux cas, le juge doit forcément adjuger ou rejeter la demande qui lui est soumise.

Cette grande différence entre le serment décisoire et le serment supplétoire, quand à son principe, se retrouve encore dans ses effets. Le serment supplétoire, n'étant qu'un moyen d'instruction, peut être rescindé par le juge, si l'on trouve par la suite des pièces décisives, quand bien même elles n'auraient pas été retenues par l'autre partie. Puis n'ayant aucun caractère de transaction, le serment ne peut être référé à l'adversaire, car ce n'est pas lui qui l'a déféré, et, comme le disait Pothier, *le mot référer est corrélatif de celui de déférer.*

Le Code garde le silence sur l'importante question de savoir à qui du demandeur ou du défendeur le serment supplétoire doit être déféré. Ce point est donc abandonné à la prudence du juge,

Il fera sagement de se conformer aux règles tracées dans une décrétale de Grégoire IX, qui a posé les vrais principes de la matière. Elle décide que lorsque la preuve de la demande est trop incomplète, le serment doit être déféré au défendeur. Sauf certaines exceptions, fondées sur la moralité des personnes et les circonstances de la cause. Cette doctrine a été adoptée par Pothier et Duparc-Poullain.

Pas plus que le serment décisoire, le serment supplétoire ne peut être admis en matière de séparation de corps sur des questions d'état. Puis aussi, dans les causes d'une extrême gravité, le juge aurait tort de recourir à ce dangereux supplément de preuve ; il lui sera plus prudent de mettre sa conscience à couvert, en suivant cette ancienne et judicieuse maxime : *Dans le doute, abstiens-toi* ;

2° Lorsque le serment déféré par le juge, avait pour but de fixer le montant de la condamnation, on l'appelait à Rome JURAMENTUM IN LITEM. Il ne peut nécessairement être déféré qu'au demandeur, et seulement dans le cas où il est impossible de constater autrement la valeur de la chose en litige. La délation de ce serment préjuge déjà que la demande est bien fondée.

Mais pour quelle ne fournisse pas au demandeur l'occasion d'élever des prétentions exagérées (*ne in immensum juretur*), le juge doit déterminer la somme jusqu'à concurrence de laquelle le demandeur sera cru sur son serment. Cette détermination n'était que facultative en droit romain.

Notre Code n'admet plus l'espèce de *juramentum in litem* que les interprètes appelaient *juramentum affectionis* et qui avait lieu à Rome, lorsque le défendeur avait dol ou faute lourde à se reprocher. Nous ne connaissons que le *juramentum veritatis,* c'est-à-dire, l'estimation réelle de la chose demandée.

Cependant, si dans la fixation du maximum du serment le

juge ne doit jamais prendre en considération le prix d'affection, il doit en certains cas avoir égard au préjudice que la perte de l'objet a pu occasionner à la partie plaingnante, afin quelle puisse obtenir en compensation des dommages et intérêts.

Pour éviter l'erreur, l'art. 120 du Code de procédure veut que tout jugement qui ordonnera un serment énonce les faits sur lesquels il sera reçu.

L'art. 121 veut également que le serment soit prêté par la partie en personne (ce qui exclut toute possibilité de se faire représenter par un fondé de pouvoirs) à l'audience, à moins d'un empêchement légitime, en présence de l'autre partie, ou elle dûment appelée.

Dans le silence de la loi sur la teneur du serment, nous croyons devoir décider, en présence de l'article 5 de la Charte, constitutionnelle, qui proclame la liberté des cultes et accorde à tous une égale protection, que chacun doit être admis à jurer conformément au rite de son culte, sans cela le serment ne serait plus un lien sacré; et vouloir lui commander serait d'une tyrannie aveugle qui ne pourrait avoir que les plus fâcheux résultats.

Mais aussi quelle que soit la formule du serment admise dans chaque secte, ne consistât-elle que dans une simple affirmation, comme celles des quakers et des anabaptistes, celui qui, après l'avoir prononcée en justice, viendrait à fausser sa parole, serait parjure et passible, comme tel, de la peine portée par l'art. 109 du Code pénal.

THÈSE.

L'héritier condamné en qualité d'héritier pur et simple par un jugement passé en force de chose jugée, doit-il être regardé comme déclaré tel d'une manière *absolue* à l'égard de tous les intéressés, ou bien cette qualité n'est-elle que *relative* et ne peut-elle être invoquée que par celui d'entre eux seulement au profit duquel est intervenu le jugement, de telle sorte que l'héritier puisse encore accepter bénéficiairement vis-à-vis des autres. En un mot, l'art. 800 est-il une dérogation au principe : *Res inter alios judicata aliis nec nocet nec prodest ?* — Non.

38, rue des Boucheries-S.-G. — Imprimerie de P. DAUBOUIN.

www.ingramcontent.com/pod-product-compliance
Ingram Content Group UK Ltd.
Pitfield, Milton Keynes, MK11 3LW, UK
UKHW020026080726
13614UKWH00004B/1577